BIOGRAPHIE

DES MEMBRES

DU GOUVERNEMENT PROVISOIRE

DE LA

RÉPUBLIQUE FRANÇAISE.

SAINT-CLOUD. — IMPRIMERIE DE BELIN-MANDAR.

LIBERTÉ, ÉGALITÉ, FRATERNITÉ.

BIOGRAPHIE

DES MEMBRES

DU GOUVERNEMENT PROVISOIRE

DE LA RÉPUBLIQUE FRANÇAISE,

Par ALFRED J⁸,

PARIS,

ALPHONSE PIGOREAU, LIBRAIRE,

QUAI DES AUGUSTINS, 9.

1848.

BIOGRAPHIE

DES MEMBRES

DU GOUVERNEMENT PROVISOIRE

DE LA RÉPUBLIQUE FRANÇAISE.

Chaque fois que dans un Etat survient quelque changement, que se produit quelque grande commotion, on voit aussi des hommes éminents, fils de la révolution grandir avec elle ; on les voit défenseurs, apôtres, parfois aussi martyrs des idées nouvelles, faire oublier à force de gloire, leur obscurité de la veille. C'est ainsi qu'à la première révolution se rattachent les noms illustres de Desmoulins, de Danton, de Robespierre, qui par malheur ont souillé leur gloire dans le sang ; à la seconde les noms de Thiers, de Guizot, de ces journalistes fameux, auxquels le talent manquait moins que la mémoire. Enfants d'une révolution, élevés par les bras du peuple, comme des parvenus, ils avaient rougi de leur mère, ils avaient séparé de sa cause la cause de leur dynastie ; le peuple les a fait souvenir, et notre troisième révolution, plus glorieuse et moins sanglante que ses deux aînées, offre encore cette particularité, que parmi les hommes qu'elle a d'abord, et de confiance placés à sa tête, parmi les membres du gouvernement provisoire, auxquels après une semaine à peine d'administration la république peut déjà adresser cet éloge, suprême dans sa bouche : « Citoyens, vous avez bien mérité de la patrie, » la plupart se trouvaient les premiers, soit dans la poésie, soit dans l'histoire, les sciences, le journalisme et le barreau ; elle offre les noms de Lamartine, Louis Blanc, Arago, Marrast, Crémieux, Ledru-Rollin, Marie, et, pour montrer que cette fois le peuple aura part aux fruits de sa victoire, un homme dont le titre méprisé naguère est le plus honorable aujourd'hui, l'ouvrier Albert.

Toute la nation, le peuple qui après avoir vu la ville en émoi, s'attendaient à de longues agitations, admirant un si prompt retour du calme, n'a que louanges et remercîments pour les citoyens qui ont si pleinement justifié de sa confiance. Il avait compris que dans l'œuvre nouvelle il y a deux parts, la première de destruction, et c'était la plus facile, il s'en est largement acquitté ; la seconde qui consiste à réédifier, à construire le nouvel ordre social, tâche pleine de difficultés dont les bases ne sont pas encore posées, mais que l'assemblée accomplira à la faveur de l'ordre ramené par le zèle et la vigueur des membres de notre gouvernement. Aussi n'est-ce partout pour eux que reconnaissance, désir de les contempler et d'apprendre les détails de leur vie passée. C'est dans le but de satisfaire cette curiosité publique, et aussi de rendre hommage à ces bons citoyens, que nous avons entrepris l'esquisse de leur biographie. Qu'on ne s'attende pas à y trouver de grands détails, mais un portrait rapide, tel que chacun peut désirer le voir.

La révolution, commencée le mardi 22 par la manifestation qui eut pour objet le droit de réunion et le banquet, se termina le jeudi par la prise de l'Hôtel de ville et des Tuileries. Vainement le roi, abusé sur l'esprit public, et rempli d'une confiance funeste, abdiqua en faveur de son petit-fils; il n'était plus temps: les places, les barricades étaient pleines de citoyens demandant la république, et à chaque instant paraissaient des proclamations tendant au même but. La duchesse d'Orléans fit preuve d'un courage qui commande notre respect à son infortune, mais le peuple envahissait en armes la chambre où la princesse réclamait les droits de son fils; il fallut se retirer, et la chambre procéda à la nomination d'un gouvernement provisoire composé de : MM. Dupont de l'Eure, président, Lamartine, Arago, Marie, Crémieux, Ledru-Rollin, Goudcheaux, remplacé par M. Garnier-Pagès, ministres; Louis Blanc, Marrast, Flocon et Albert, secrétaires.

Nous avons cru, pour rendre plus complet ce livre, devoir y ajouter MM. Carnot, Subervie et Bethmont.

M. DUPONT DE L'EURE,

Président du conseil.

M. Dupont (Charles-Jacques) naquit l'an 1767, à Neubourg, en Normandie, dans le département de l'Eure, dont le nom le distingue de quelques homonymes, comme lui, célèbres ; il se destina au barreau. Ce fut l'année même de la grande secousse révolutionnaire que le jeune Dupont, reçu dans le parlement de Normandie, commença cette vie publique, si diversement agitée.

A cette époque, c'était déjà, comme aujourd'hui, un amour enthousiaste de la liberté, l'admiration de l'antiquité, et les élans d'une espérance encore vague et incertaine vers un avenir meilleur. Elevée à l'école de Jean-Jacques, nourrie de la philosophie de son siècle, la jeunesse se demandait pourquoi tant de prérogatives à la naissance, pourquoi tant de priviléges à la noblesse : elle s'inquiétait de savoir si la distinction d'un mérite, acquis au prix d'un pénible labeur, n'était pas une compensation plus que suffisante aux dons de la fortune.

Dupont s'abandonna, comme tant d'autres, aux flots du tourbillon révolutionnaire; lui, n'avait pas de parchemins de noblesse, ses titres étaient son mérite, son amour inépuisable de la justice, de la patrie et de la liberté; il se consacra, de cœur, à la cause qu'il sert encore.

Dès 1792, il était maire de sa commune : de cet instant, les principes d'intégrité, dont nul ne l'a vu se départir, lui valurent le surnom d'*Aristide fran-çais;* associé à la gloire, et non aux crimes de la ré-volution, il a traversé sans tache l'époque de la terreur, et quand la France, inhabile encore à se gouverner seule, tomba sous le sceptre de fer du capitaine que la victoire avait fait si grand, Dupont, ébloui peut-être, fasciné comme tant d'autres, désireux d'ailleurs de servir sa patrie sous quelque régime que ce soit, fut employé par Bonaparte, et sous lui comme plus tard sous les Bourbons, comme sous la dernière dynastie, il fit voir qu'un homme peut rester pur et faire acte et preuve de liberté sous le gouvernement le plus absolu.

Napoléon avait confié à Fouché le département de la police; plus occupé d'intrigues que de son ministère, celui-ci voulut pourtant prouver de son zèle et en même temps justifier ses mesures arbitraires ; il ne trouva rien de mieux que de faire accuser des innocents ; M. Dupont, successivement administrateur du district, juge au tribunal de Louviers, substitut du directoire exécutif de l'Eure, puis député au conseil des cinq cents, était président du tribunal criminel d'Evreux. Il examina avec son impartialité les faits qu'on lui avait soumis, et quand il fut convaincu de l'innocence des accusés, nulle sollicitation venue d'en haut ne put fléchir son intégrité ; ils furent absous. Napoléon, bon juge du mérite des hommes, et admirateur des caractères beaux et vraiment nobles, le fit passer à la présidence de la cour impériale de Rouen. En 1813, il fut député au corps législatif par le sénat. L'année suivante, après les malheurs de l'empire, il était de la chambre des députés.

La famille des Bourbons revenait en 1815 escortée encore de cent mille coalisés que la fortune avait faits plus forts que le génie ; en présence de ces rois de par le droit divin, qui revenaient prendre possession d'un trône comme de leur patrimoine, qui n'avaient pas craint, eux Français, de sacrifier la France à leur intérêt privé et d'ouvrir, pour la seconde fois, Paris à l'étranger, il ne put contenir l'éloquente indignation de son cœur : « Nous ne le reconnaissons pas, ce gouvernement qui ne garantit pas par des institutions librement consenties l'égalité devant les lois, la liberté individuelle, la liberté de la presse... et tous les grands résultats de la révolution. »

Cette protestation énergique, cet appel adressé par M. Dupont de l'Eure aux générations futures, nos pères l'ont entendu quand ils ont jeté les Bourbons dans l'exil ; nous aussi l'avons entendu, et la deuxième branche suit son aînée, parjure comme elle.

Vainement le gouvernement de 1815 et sa réaction contre-révolutionnaire voulurent écarter M. Dupont de la chambre ; on craignait son énergie, sa mâle éloquence, son intégrité ; mais les colléges électoraux de Rouen et de Louviers, connaissaient trop la valeur de leur candidat pour ne pas le députer de nouveau, au moment même où M. de Vaublanc l'excluait du conseil de son département. Nommé à Evreux en 1817, il vint à l'extrême gauche, que depuis il n'a pas quittée, protester contre les vexations d'un gouvernement arbitraire et sans gloire. Cette même année, un nouvel acte de civisme et de courage le mit dans la disgrâce de M. Pasquier, et le fit destituer. L'estime publique fut aux yeux de M. Dupont une large compensation à cette disgrâce ; sa parole et son vote, soumis à sa seule conscience, n'accusèrent, comme par le passé, ni crainte, ni faiblesse. Son opposition, toujours juste et éclairée, ne fut pas de celles qui ne savent que blâmer exclusivement toute mesure : les projets de loi sur le recrutement de l'armée et les délits de la presse, conformes selon lui au vœu national, eurent son approbation, et il oublia, pour les appuyer, tout motif d'animosité personnelle.

Sa ligne de conduite dans les années qui suivirent jusqu'en 1824, époque où la dissolution de la chambre le rendit, pour un moment, à la vie privée, fut toujours la même : droite, sincère, impartiale. Il se consolait du présent par l'espoir d'un avenir meilleur, avec des amis dignes de lui, les inflexibles de 1818, l'éloquent Manuel, la gloire de la tribune moderne ; et comme lui, il consacrait sa voix au service, à la réalisation de leurs nobles désirs. Plus d'un de ses discours laissa dans les esprits du temps un long souvenir, et entre autres, cette magnifique péroraison dans laquelle il répondait à M. Decases, qu'il s'abusait étrangement s'il pensait qu'il fût au pouvoir de la chambre de lui rendre sa popularité en votant un impôt de quelques millions de plus !

Après l'assassinat du duc de Berry, le ministre voulait rendre la nation entière solidaire du crime d'un particulier ; il s'agissait, comme aux plus mau-

vais jours de la terreur, d'arrêter les suspects.
«... Député, s'écria M. Dupont, je vote contre un
projet qui viole la charte dans sa plus précieuse ga-
rantie; Français, je ne veux ni prendre part à une
odieuse accusation contre la France, ni m'associer à
une législation d'espionnage et de délation; ami de
l'humanité, je ne me prêterai pas à la mesure la plus
barbare, puisque au lieu de frapper de simples opinions qui ne flétrissent pas, elle doit appliquer à ses
victimes, l'ineffaçable inculpation d'un assassinat. »

Depuis 1824 M. Dupont a paru plus rarement à
la tribune; cependant on le vit en 1825 remercier
le ministère de ce que contre l'opinion générale il
avait encore pu accroître contre lui l'animadversion
universelle. En 1827, il retrouva toute l'éloquence de
son indignation contre la loi *Peyronnet* sur la presse,
dans un discours qui fit sur les esprits l'impression
la plus profonde.

Cependant, bien des motifs d'animosité et de
haine s'amoncelaient; pied à pied, le territoire saint
de la liberté était envahi, on proscrivait la déesse;
vainement M. de Martignac, un ministre honnête,
voulait arrêter la vieille monarchie sur le penchant
de l'abîme, la dernière heure de celle-là allait sonner.
Quand vint 1830, M. Dupont était absent de Paris;
à la nouvelle des trois jours il accourut dans la capi-

tale, c'était le vendredi lendemain. Occupé à toujours combattre les mesures arbitraires de la royauté, sans s'inquiéter de la vie privée et des affaires des princes, il n'avait conçu du prince d'Orléans, d'ailleurs en partie chef de l'opposition, ni crainte, ni confiance. *Essayons-en*, lui dit Lafitte, et M. Dupont voulut bien essayer.

La finesse était le propre du caractère du dernier roi ; il avait eu lieu de voir la conduite de M. Dupont, de l'admirer, mais aussi de la craindre ; il tenta, non de le séduire, mais de s'emparer adroitement de sa confiance, d'aveugler sa bonne foi.

Louis-Philippe, dans les longs malheurs qui eussent dû servir à l'expérience de sa vieillesse, avait parcouru les Etats-Unis ; il persuada facilement à M. Dupont qu'un homme qui avait contemplé de près les libertés américaines, devait être de cœur républicain.

M. Dupont accepta le ministère de la justice ; mais en dépit des efforts et de l'adresse du roi, il continua d'examiner tout par ses propres yeux, et ne tarda pas à voir que lui et les libéraux s'étaient trompés ; de ce moment il se sépara de la dynastie de Juillet pour rentrer dans les rangs de l'opposition. En vain son ami Lafayette conservait toutes les anciennes illusions, M. Dupont resta simple député. Les ministres Barthe et Périer tentèrent de fléchir sa rigueur, et le firent solliciter par un autre de ses illustres amis, Béranger, d'accepter une place à la cour de cassation, car on craignait que son éloignement ne fût un commencement d'impopularité pour le ministère ; M. Dupont n'eut pour de telles tentatives que du mépris.

Telle fut dès lors sa conduite, telle elle ne cessa d'être jusqu'au 24 février. Un moment la France put craindre de perdre son meilleur citoyen, c'est lorsque son ami, son fils, Dulong, périt frappé à mort dans un duel en 1834.

Mais l'Eure n'accepta pas la démission de son député, il ne lui fut pas permis de consacrer le reste de ses jours à la retraite ; sa tâche n'était pas finie, il lui restait à voir de grandes choses. Notre Caton ne devait pas sitôt mourir, car il n'y a plus de César. Jeune homme il avait salué la république à sa naissance, il la verra dans la force et la vigueur de la virilité.

Les traits de M. Dupont sont vénérables comme son âge, et son visage reflète aujourd'hui sa bonté, comme plus jeune il a dû refléter l'énergie de son âme. Sa longue vie peut se résumer dans ces mots prononcés par M. Arago à la solennité de la Colonne de Juillet. M. Dupont venait de faire une allocution. « Citoyens, reprit M. Arago, c'est quatre-vingts ans d'une vie sans tache qui vous parlent ici. »

M. DE LAMARTINE,

Ministre des Affaires étrangères.

La vie de M. Dupont de l'Eure est d'un républicain austère; il s'offre à nos yeux, semblable à ces Romains, qui, les principes du devoir et de la justice posés, ne s'en départaient pas, incapables de capituler avec l'honneur et leur conscience.

La jeunesse toute de poésie de M. de Lamartine, l'éloquence large et brillante du poëte orateur, reposent doucement de la sévérité, de l'âpreté même toute républicaines de son intègre ami.

M. de Lamartine (Alphonse de) est né à Mâcon en 1792.

« Ma mère avait reçu de sa mère, à son lit de mort, une belle Bible de Royaumont, dans laquelle elle m'apprenait à lire, quand j'étais petit enfant... » Et cette Bible, avec ses images, Raphaël et Tobie, le ciel où l'on voit les anges monter et descendre sur l'échelle de Jacob, tous les pieux souvenirs d'enfance, et les douces paroles de cette mère qui expliquait à son fils agenouillé près d'elle les saintes histoires de la Bible, telles furent les sources où dès l'enfance M. de Lamartine puisa les divins trésors de la poésie, ce fut la première culture d'un sol vierge et fertile.

Ce furent sans doute de bien heureux jours, que ceux passés aux pieds d'une mère; ce sont de bien doux souvenirs; plus tard ils ont conduit l'enfant fait homme et poëte vers l'Orient rêvé dans la Bible de son jeune âge, et peut-être plus d'une fois encore aujourd'hui ils viennent émouvoir l'homme politique au sein des préoccupations de la république.

La première éducation puisée près de sa mère au foyer domestique, alla se continuer chez des Pères de la Foi au collége de Belley. M. de Lamartine en sortit en 1809; une ode à Belley témoigne de la reconnaissance du poëte pour les instituteurs de sa jeunesse.

Avide d'émotions et de connaissances nouvelles, poussé par un ardent désir de voir et d'apprendre, M. de Lamartine, encore inconnu, alla demander ses premières inspirations à l'Allemagne, à la Suisse, à l'Italie; mais l'Italie et son beau ciel, la terre promise de l'Europe, n'était plus aux yeux du poëte déjà tournés vers le soleil plus brillant de l'Asie qu'un cadavre :

Terre où les fils n'ont plus le sang de leurs aïeux,
Où sur un sol vieilli les hommes naissent vieux…!

Aujourd'hui le cadavre secoue son long sommeil; Jésus a touché du doigt Lazare; la liberté a dit à l'Italie : Lève-toi! et l'Italie se régénère, et le dieu va revenir prendre possession du temple trop longtemps abandonné. Heureux nous qui aurons aussi servi d'instrument au décret de la Providence! Heureux vous poëte citoyen qui, après l'avoir pleurée vieille et morte, pourriez dans peu sans doute, si votre muse ne se taisait pas, célébrer l'Italie rajeunie par la liberté!

D'une famille noble, et depuis longtemps au service de la royauté, M. de Lamartine était alors par naissance, légitimiste, comme aujourd'hui par conviction républicain : en 1814 il entra dans la maison militaire de Louis XVIII : mais la vie monotone de garde du corps; cette existence sédentaire n'était pas celle qui convenait à une nature ardente et passionnée; après trois ans il avait donné sa démission pour reprendre le cours de ses voyages, pour joindre de nouvelles richesses aux trésors déjà conquis. Là se place dans la vie du poëte une de ces douleurs qui blessent profondément, et que le cœur n'oublie pas. Lui aussi aimait une Laure; heureux comme Pétrarque de graver son nom à une autre fontaine de Vaucluse, heureux de le rendre immortel : tout passe, et les biens de ce monde, et la beauté, et l'amour, et jusqu'au souvenir, mais le nom que le poëte a chanté demeure immortel.

Elvire est morte, mais son nom ne périra pas. Ce fut un pénible incident dans la vie du jeune homme, pénible comme celui qui plus tard lui ravit cette Julia qui sans doute était si belle. Est-ce donc que toute joie doive être mélangée d'amertume, que tout calice garde au fond le fiel, que tout trésor se doive péniblement acquérir?

M. de Lamartine ne dut la vie qu'au dévouement assidu de M. de Parseval. Sauvé de sa longue et douloureuse maladie, il donna ses premières Méditations poétiques.

Les temps changent, les idées progressent : c'était, il y a neuf cents ans, l'humble commune écrasée pour avoir revendiqué quelques droits de vivre, c'est aujourd'hui la république toute-puissante proclamant la souveraineté du peuple ; mais il semble qu'à toutes les époques, que dans tous les pays, les hommes se ressemblent. A Rome, les génies méconnus, les Mœvius, les mauvais poëtes ne manquaient pas, et chaque année, de nos jours, les galeries de l'Odéon, comme les ponts et les quais, regorgent de poëmes auxquels les Lauriers, les Myrtes, les dieux de la mythologie fournissent leurs titres et leurs sujets, sans compter les tragédies refusées, les livres de Larmes, et de Soupirs, etc. Sans doute il en était de même en 1820, quand M. de Lamartine donna ses premières Méditations, petit volume tout modeste, dit un critique célèbre ; mais le petit volume ne demeura pas longtemps confondu dans la foule.

Ce fut, il paraît, de partout pour le poëte un enthousiasme universel. On n'avait pas vu depuis Châteaubriand et les *Martyrs* un succès si prodigieux ; des bancs des colléges jusqu'aux salons du grand monde, jusqu'aux boudoirs des jeunes femmes, tout ce qui apprenait à penser, à sentir, ceux qui croyaient avoir pensé, senti, avaient découvert le poëte du cœur et de la pensée ; et Horace avec tout son esprit, Jean-Baptiste Rousseau avec ses odes superbement compassées, étaient oubliés pour M. de Lamartine.

Oui, ce dut être un bien merveilleux succès que celui qui accueillit cette œuvre avec sa poésie rêveuse, ses élégies et ses odes, et ce lyrisme tel que Racine seul avait su le comprendre.

Toute cette gloire ne consola cependant pas le

jeune homme ; il chercha des distractions dans de nouveaux voyages. Grand poëte, il alla revoir ces mêmes lieux qu'il avait contemplés inconnu et plus jeune ; il fallut pour calmer l'affliction que causait la perte d'Elvire, qu'un autre amour vînt le chercher, qu'un nom prît place près du nom de sa bien-aimée dans son cœur. Une âme avait compris M. de Lamartine ; il se disait :

> « Peut-être l'avenir me gardait-il encore
> Un retour de bonheur dont l'espoir est perdu,
> Peut-être dans la foule une âme que j'ignore
> Aurait compris mon âme, et m'aurait répondu ! »

En Suisse, il fit la rencontre d'une jeune Anglaise qui est devenue Mme de Lamartine.

C'est à la même époque qu'il débuta dans la carrière diplomatique. Le gouvernement de la restauration le fit secrétaire d'ambassade à Naples sous M. de Narbonne ; plus tard, il alla successivement à Londres, Rome et Turin ; enfin à Florence où il fit un séjour de cinq années. Une affaire d'honneur, un duel avec le général Pepée y mit les jours du poëte en danger ; la cause en était les vers sur l'Italie qui commencent par ceux cités plus haut.

Dans cet intervalle occupé par M. de Lamartine

dans ses ambassades, et ses relations d'amitié avec le grand-duc de Toscane, les ministres de Charles X marchaient de plus en plus à l'arbitraire en dépit de l'énergique opposition de Dupont de l'Eure et de quelques libéraux de sa trempe. M. de Polignac rappela à Paris le jeune diplomate qui refusa le poste de secrétaire des affaires étrangères; on le nomma ministre plénipotentiaire en Grèce; il venait de partir, quand survinrent les premiers trois jours. M. de Lamartine revint à Paris. Un gouvernement dont il n'avait pas été complice ne pouvait pas l'entraîner dans sa disgrâce. Eclairé déjà par la justice et le bon sens, sur la valeur des préjugés de la naissance, il se lança dans la voie nouvelle que la dynastie de Juillet semblait ouvrir aux amis de la liberté. En 1829 il avait donné les *Harmonies* accueillies comme ses *Méditations;* en 1830, il prit place à l'Académie. De ce moment, il parut se retirer du monde de l'imagination pour servir ses concitoyens, pour revenir aux intérêts matériels de cette vie. Il avait accepté la double candidature du Var et du Nord. Un numéro de la Némésis du 3 juillet 1831 osa lui reprocher le légitime usage de ses droits de citoyen. Ce poëte, que l'indignation faisait si vigoureux, le Juvénal de la corruption, qui lui, comme ceux qu'il a flétris, a trahi la muse et vendu le Sauveur, Barthélemy

interdisait à M. de Lamartine le nom et la défense de
la liberté. On sait la noble réponse de celui-ci :

> Non, sous quelque drapeau que le barde se range,
> La muse sert sa gloire et non ses passions ;
> Non je n'ai pas coupé les ailes de cet ange
> Pour l'atteler hurlant au char des passions.
>
> . . . .
>
> . . . .
>
> L'or pur que sous mes pas semait sa main prospère,
> N'a pas payé la vigne ou le champ du potier,
> Il n'a pas engraissé les sillons de mon père,
> Ni les coffres jaloux d'un avide héritier.
> Elle sait où du ciel ce divin denier tombe,
> Tu peux sans le ternir me reprocher cet or,
> Et d'autres voix un jour te diront sur ma tombe
>   Où fut enfoui mon trésor !
>
> . . . .

Cependant, soit que quelque dégoût d'une semblable lutte se mêlât pour lui à son désir longtemps
contenu de voir l'Orient, M. de Lamartine partit
pour Jérusalem, et tandis, dit M. Janin : « qu'ici l'on
tremblait sous la main du choléra asiatique, cette peste
manquée, et sans contagion, lui, M. de Lamartine
entrait dans Jérusalem ; il franchissait le seuil em-
pesté de Bethléem. » Il allait penser au tombeau du
Christ, dans le jardin des Oliviers, là où M. de Châ-

teaubriand était aussi venu prier. Le *Voyage en Orient* montre ce que pouvait faire en prose le grand poëte, plus tard orateur, puis historien.

A la fin de **1832**, il quitta l'Asie, rappelé à la chambre des députés par les électeurs de Lille.

Que n'est-il permis, au lieu de cette sèche nomenclature, de faire, avec M. de Lamartine, quelques haltes dans le désert, de se plonger dans les flots limpides du Jourdain, sur son lit de cailloux, d'errer ensemble sur les pas du Christ, de verser des pleurs dans Beyrouth, et assis au pied des pentes embaumées du Carmel, d'entendre, près du rival d'Orient, les chants où les deux poëtes célèbrent la belle Lilla, dont la tête est parsemée de fleurs et de sequins :

« Dans les jardins de Kaïpha, il y a une fleur que le rayon du soleil cherche à travers le treillis des feuilles de palmier.....

» Jeune fille, dis-moi le nom de ton père et je te dirai le nom de cette fleur. »

> Fontaine au bleu miroir, quand sur ton vert rivage
> La rêveuse Lilla dans l'ombre vient s'asseoir,
> Et sur tes flots penchés y jette son image,
> Comme au golfe immobile une étoile du soir,
> D'un mobile frisson tes flots. . . . . .
>
> . . . .

Heureux poëtes, heureuse jeune fille, heureuse con-
trée! mais M. de Lamartine a bien quitté tout cela,
pour revenir discuter l'adresse.

C'est en 1834 qu'il parut pour la première fois
à la tribune. Ce fut sans doute, parmi les hommes
réputés graves, et fort supérieurs à la poésie (et la
plupart étaient bien incapables de jamais écrire deux
vers), un étonnement mêlé de curiosité et de sou-
rires quand on vit l'homme du sentiment aborder
les questions du jour.

Autre chose est la chambre, autre la poésie ; vous
serez grand poëte, fils chéri de l'imagination, vous
ne serez pas orateur, pas propre à discuter les intérêts tout positifs de la chambre.

D'abord, il paraît qu'on écouta M. de Lamartine
comme délassement, comme distraction ; mais peu à
peu celui-ci forma son éloquence, ses discours pré-
sentèrent une moindre foule d'images brillantes ; celui dans lequel on ne voyait naguère qu'un beau par-
leur devint un rude adversaire, un robuste jouteur.
Il fit dès le début, aux actes déjà arbitraires des ministres une vive opposition ; en 1834, ce fut contre
la loi d'association qu'il s'emporta vivement ; à l'occasion du procès d'avril, qu'il tonna avec véhémence.
En 1835, il déploya toute son énergie, toute sa
puissance de conviction sur les lois de septembre,

contre la presse... « ...Prenez garde, s'écriait-il, que cette révolution de juillet ne paraisse bientôt dans l'histoire qu'un événement sans portée et sans signification, qu'une grande duperie de plus de la liberté... Les hommes pardonnent quelquefois à ceux qui les asservissent, jamais à ceux qui les trompent. »

Telle fut, jusqu'à l'époque où M. de Lamartine se fit historien, sa vie politique.

Il a encore prononcé un grand nombre de discours qui le montrent ami de l'humanité : par exemple, sur l'abolition de la peine de mort, et il a défendu les lettres contre M. Arago, qui demandait dans les colléges leur proscription au profit de la science.

M. de Lamartine après avoir réalisé la double gloire de poëte et d'orateur éloquent, brigua celle d'historien ; ses travaux politiques l'avaient naturellement mené à l'étude de la première révolution. Là, au milieu des horreurs et du sang versé de 93, apparaissent calmes, héroïques les hommes de la Gironde ; à la fougue des gens de la Montagne ils opposent leurs voix éloquentes, et il semblerait que ces Girondins, dominant les passions déchaînées, aient été purs de cœur comme brillants de parole ; il semble qu'ils ont dû brûler d'un amour sincère et sacré pour la patrie ; autre erreur de l'histoire semblable à celle qui appitoie sur le héros de M. de Vigny, tué par Richelieu parce qu'il vendait à l'Espagne deux provinces achetées par la France au prix de cinquante années de sang et d'or, répandus par la guerre. Mais on se sent touché à l'aspect de la jeunesse, de la beauté qui pouvaient espérer tant de bonheur, tant d'avenir et qui trouvent à l'échafaud leur terme prématuré. La Gironde, d'ailleurs, était moins coupable que Cinq-Mars, son crime était d'ignorance plus que de volonté.

Cent histoires de la révolution avaient paru, sans compter celles qui paraîtront encore ; M. de Lamartine prit la plume pour la défense de la Gironde ; belle cause d'avocat poëte ! La Gironde était bien défendue, et cependant les instincts de la politique, la conscience de l'homme l'emportèrent sur celle du poëte ; il avait pris la plume pour leur défense, il conclut à leur faute, à leur malheur.

Du jour où M. de Lamartine a sérieusement étudié, pesé avec conscience l'histoire de la France dans sa première révolution, du moment où il a eu suivi cette marche progressive de la liberté qui commence à l'insurrection de la commune, pour aboutir par trois révolutions à la souveraineté populaire, il a dû sentir que la France était mûre pour une république ; aussi bien l'a-t-il proclamée ; poëte, homme de cœur, de sentiment, il a eu le courage, devant cette noble pauvre femme qui était là, ses deux jeunes enfants à la main, de dire : Pas de régence, mais la vie large, l'air pur de la liberté; et c'est du courage : cette conduite chez d'autres, froids et lâchement ambitieux, serait une atroce cruauté, mais M. de Lamartine sait mieux que personne quelles peuvent être les destinées de la France, et s'il a repoussé le comte de Paris et la duchesse d'Orléans, c'est qu'il la croit pouvoir être républicaine.

Confiance donc; le drapeau souillé dans la fange et rougi dans le sang du Champ de Mars ne plane pas sur nos têtes, mais les couleurs glorieuses de la République. Espoir ! car les gens qui sont à notre tête se sont dévoués à nous, cœur, tête et poitrine. Courage! car M. de Lamartine est parmi nous, et il n'oubliera pas qu'il est bien grand, et que s'il tombait de si haut, sa chute serait terrible !

Le dernier acte de civisme de M. de Lamartine, sans parler de la séance de soixante heures, de ses harangues, de sa faiblesse et de son mal vaincus, sublimes mais justes conséquences de sa position, est le manifeste admirable qui place la France dans une si digne situation vis-à-vis de l'étranger. Nous ne serons pas agresseurs, mais si de leur toge ouverte tombe la guerre, nous ramassons le gant, la France ne craint pas la guerre ! Merci, citoyen ministre, une fois encore, vous avez bien mérité de la patrie !

Nul besoin de dire que M. de Lamartine est grand, bien fait, sa tête pleine de noblesse ; son image est dans le souvenir de tous, même de ceux qui ne l'ont pas vu, grâce à ses nombreux portraits.

M. CRÉMIEUX,

Ministre de la Justice.

Si au moyen âge on fût venu dire à un roi dont le nom est resté glorieux en France, dont la statue s'élève majestueuse à côté de celle de saint Louis et qui demeurera l'un des grands rois de l'histoire, parce qu'il a compris la politique de son temps et protégé les communes qui l'en ont bien payé; si l'on fût venu dire à Philippe Auguste, frappant d'exactions les enfants d'Israël, ne les rappelant que pour les mieux proscrire, qu'un de ces Juifs tant méprisés, bannis de partout, sans autre titre, sans autre droit alors que leur intelligence patiente et laborieuse, s'asseoirait plus haut un jour que ses descendants, car les rois ne sont plus, et serait fait ministre par les neveux des vilains de la commune, des artisans de la corporation, ne se fût-il pas bien moqué, et comparant à l'un des proscrits son fils brillant de force et de jeunesse, n'eût-il pas eu pour de semblables discours que mépris et dédain ?

Ce n'eût été cependant que prophétie ; le Juif, si longtemps balloté par la tempête, a touché le port, et s'il entrevoit la France peut s'écrier : Terre ! Et ce sont les rois, aujourd'hui, sur qui pèse la main du Seigneur.

Mes fils, a dit la France, vous êtes tous frères, et quel que soit votre culte, quel que soit l'autel où vous servez le Dieu suprême, vous viendrez tous vous asseoir à la table de l'Egalité. De fait, M. Crémieux, le ministre de la justice, appartient à la religion juive.

M. Crémieux (Isaac-Adolphe) est né à Nîmes en 1796 ; il a maintenant 52 ans. Dès l'enfance, M. Crémieux se fit remarquer par les dispositions les plus brillantes : son père l'avait envoyé au lycée impérial, plus tard Louis-le-Grand, aujourd'hui Descartes ; le nom du jeune avocat, c'est ainsi que l'appelaient ses condisciples, avait, comme dirait un grave professeur à son discours de prix, retenti trois fois sous les voûtes de la Sorbonne ; il sortit du collége à dix-neuf ans ; du moment où il put penser il se rangea au parti des opinions républicaines. Il fit son droit et soutint sa thèse avec éclat au barreau de

Nîmes, en 1817. Avocat distingué, il défendit plus d'une fois des causes politiques qui se rattachaient à la liberté. Ce fut ainsi qu'il fit acquitter un ancien officier de l'armée impériale accusé, dans ce temps *de liberté constitutionnelle*, d'avoir crié : *Vive l'empereur*. Puis quand l'assassin de 1815, Trestaillons, la terreur de Nîmes, inspirait encore un effroi général, M. Crémieux dénonça son nom aux assises ; à plusieurs reprises, il ne craignit pas de le flétrir publiquement. Plusieurs des plus célèbres causes ont fait briller son talent du plus vif éclat ; son éloquence est celle du cœur.

Le tailleur Polge était accusé d'avoir assassiné Donnadieu, les charges étaient écrasantes, l'avocat général plein de talent ; une première fois l'accusé fut condamné ; par une erreur de hasard le procès fut annulé, M. Crémieux tenta une seconde défense. Polge, s'était écrié l'avocat, qu'as-tu fait de Donnadieu ? Dans une magnifique improvisation M. Crémieux demanda de quel droit, humbles vers de terre, incertains du crime, des hommes oseraient emprunter la parole qu'avait prononcée Dieu sur Caïn, après l'avoir vu fratricide ?

Il défendait trois citoyens accusés d'avoir chanté la Marseillaise ; il s'écria dans une magnifique apologie du chant patriotique, après avoir rappelé les circonstances où l'hymne s'était produit : ...« La Marseillaise, vous l'accusez ! mais vous ne l'avez donc pas lue ? mais vous n'avez donc pas du sang français dans les veines ? Non, non, ceux qui la blâment ne l'ont pas lue, ils ne la savent pas, ils ne la comprennent pas, ils cèdent à des souvenirs de terreur ; sans doute plus d'un martyr l'a glorifiée, en marchant au bourreau ; mais encore une fois, la Marseillaise fut le cri : *Mort à l'ennemi, le salut à la patrie*, honneur donc à la Marseillaise !

Et, au milieu de l'agitation, il lut l'hymne patriotique ; au quatrième couplet, accusateurs, jurés, tous s'étaient levés dans un moment d'enthousiasme sublime. — « Eh bien, s'écria l'orateur, voici le chant criminel, criminel ! dites admirable, dites sublime : berçons, berçons nos enfants aux nobles accents de la Marseillaise ! »

Les sentiments de M. Crémieux furent toujours les mêmes, toujours patriotiques, toujours élevés; en 1830, il salua avec bonheur une révolution qui semblait annoncer un avenir de libertés nouvelles; l'un des premiers il arbora dans sa ville le drapeau tricolore, et ses concitoyens reconnaissants sollicitèrent pour lui de M. Dupont de l'Eure, alors ministre de la justice, la croix de la Légion d'honneur. Une ordonnance du 50 août y joignit la nomination d'avocat aux conseils du roi et à la cour de cassation, en remplacement de M. Odilon Barrot.

M. Crémieux, bien que connu pour ses principes libéraux, fut prié par la famille de M. Guernon-Ranville, l'un des ministres de Charles X, de le défendre ; M. Guernon-Ranville et son avocat avaient arrêté un plan de défense où ce dernier, il paraît, voulait consacrer le triomphe des idées victorieuses et de la révolution ; le jour de la défense venu, M. de Guernon-Ranville, après la plaidoierie des avocats de ses collègues accusés, fut pris de susceptibilités qui lui firent désirer de s'attacher à leur fortune ; ministre de Charles X, il voulait subir jusqu'à la fin les conséquences de son ministère, il refusait d'être pardonné, et ne voulait pas d'un acquittement qui condamnait la révolution dans son principe. Cette résolution était noble, mais la vive contrariété qu'éprouva M. Crémieux de ce changement subit, les difficultés d'improviser un plan nouveau, l'émotion de l'audience, le firent se trouver mal ; ce fut une des bien rares causes où son éloquence ne triompha pas.

Comme tous les hommes qui sont aujourd'hui ses collègues, M. Crémieux, après avoir salué la dynastie de juillet à son origine, et espéré dans ses promesses, s'en éloigna quand elle eut renié son principe; défenseur ardent de la liberté de la presse, il plaida pour la plupart des journaux de l'opposition dans leurs divers procès contre le gouvernement; le 24 février même, il était attendu à Saint-Omer pour la défense du *Progrès du Pas-de-Calais*.

En 1837, M. Crémieux fit un acte que nous nous permettrons de reproduire, bien qu'appartenant à la vie privée, parce qu'il est d'un bon fils et qu'il honore souverainement son auteur. Il y avait seize ans que M. David Crémieux, père de M. Adolphe, était mort; il avait autrefois fait faillite; toutes les conditions voulues pour qu'un fils de failli pût recouvrer ses droits civils, étaient remplies, mais ce souvenir, cette tache de failli pesait encore sur la mémoire de M. David; son fils paya tout : « fils pieux, il voulait aller s'incliner sur la tombe de son père. »

Son père fut réhabilité.

Choisi pour député par les électeurs de Chinon, il s'est distingué dans les rangs de l'opposition, et particulièrement dans la question des banquets.

Il y a quelques mois à peine, le plus aimé de nos professeurs, celui qui donne le coloris et tant de charme aux pages émouvantes de l'histoire, M. Michelet avait été destitué par une mesure arbitraire; ce fut M. Crémieux qui voulut bien se charger de présenter et d'appuyer notre protestation à la chambre, nous l'en avons remercié, les écoles l'en remercient encore.

M. Crémieux n'a pas, comme ses collègues Arago et Lamartine, l'extérieur imposant ; il n'est pas beau, mais Thémis veut-elle pour tenir sa balance plus que des mains pures ?

M. ARAGO,

Ministre de la Marine.

La France a le droit d'être glorieuse entre toutes les nations : si une idée neuve paraît dans le monde, si l'initiative de quelque résolution généreuse est donnée quelque part, c'est de chez elle qu'elle sort, c'est de son foyer, que pour les autres peuples, comme autrefois d'Athènes pour le reste de la Grèce, tout rayonne, science et liberté.

Les sciences ont, depuis Newton, fait de vastes progrès, ses prêtres sont nombreux dans le monde, et pourtant nul ne croirait son mérite justement consacré, s'il n'était reconnu de notre compatriote M. Arago ; pas un qui ne s'honore d'entretenir avec lui quelque correspondance.

Après la poésie, la science ; après les rêves de l'imagination, les calculs exacts du mathématicien ;

après M. de Lamartine , M. Arago. Ce n'est pas que lui ne se soit complu aussi ailleurs que sur notre terre; Saturne et Jupiter et tous les autres mondes sont de son domaine , comme, pour son collègue, les vastes champs de la pensée.

M. Arago (Dominique-François) naquit à Estre- gel près de Perpignan le 26 février 1786 ; il est, après M. Dupont de l'Eure, le doyen de nos gouvernants provisoires. A 14 ans , disent certains biographes, il ne savait pas encore lire, d'autres à l'encontre lui accordent la plus précoce intelligence ; de ces deux versions quelle est la véritable? nous l'ignorons, et qu'importe, il n'est pas moins certain, qu'à vingt ans il commençait à se placer au premier rang des savants de l'Europe.

La jeunesse de M. Arago fut semée d'une foule d'incidents, qui, si, au lieu d'une simple notice, il était permis d'écrire sa vie en détail, lui donneraient la couleur d'un roman, plus la vérité.

Après les fortes études de l'école polytechnique, renonçant à l'artillerie qu'il avait d'abord choisie , il fut appelé au bureau des longitudes en qualité de secrétaire bibliothécaire de l'Observatoire, et l'an- née suivante, envoyé de concert avec M. Biot com- pléter la mesure de l'arc du méridien terrestre qui a servi de base au système métrique. Ce travail, commencé par MM. Mechain et Delambre à Dunkerque, devait se prolonger jusqu'à Barcelone ; il fut la cause de la double captivité de M. Arago chez les Majorquins et les pirates de Palamos.

Le travail touchait à sa fin, restait seulement à mesurer la latitude du sommet de la montagne la plus haute de Majorque rattachée à Ivice et Formentara par un triangle d'est en ouest. Les habitants de Majorque n'ont pour les sciences que de médiocres dispositions, les cultivent peu, et ne les connaissent guère ; il arriva chez eux à M. Arago une aventure à peu près semblable à celle de ce voyageur en Afrique, qui, levant le plan de Tombouctou, faillit être mis à mort par les sauvages parce qu'il jetait des maléfices sur leurs maisons.

Dans ce moment, l'invasion de l'Espagne par les armées françaises soulevait tous les esprits espagnols ; les Baléares redoutaient l'arrivée d'une escadre française. On s'imagina que les feux allumés par M. Arago sur le sommet du Clop de Galoza avaient pour but d'éclairer la marche des vaisseaux français ; le peuple voulut se faire justice immédiate, il courut à la montagne chercher le *gavacho* maudit ; par bonheur M. Arago avait pu se procurer un habit majorquin, il descendit, se mêla à la foule dont il parlait l'idiome, et courut à sa recherche avec elle.

On ne le trouva pas ; mais tout péril n'était pas fini.
Le lendemain il allait s'embarquer sur un navire, le
capitaine voulut le livrer, il lui offrait pour cachette
une caisse de trois pieds ; le savant n'eut d'autre re-
fuge contre la fureur de la multitude ameutée de nouveau, que la prison où il courut s'enfermer comme
d'autres s'en échappent.

Dans la prison la relation d'un supplice épouvanta-
ble par lui subi sur la grande place de Palma lui par-
vint ; il lui était facile d'être convaincu de sa fausseté,
néanmoins il craignit que ce ne fût une menace que l'effet ne tarderait pas à suivre, il ne songea plus qu'à quitter cette funeste prison. Un des commissaires attachés
par l'Espagne à son travail, M. Rodriguès, le servit
dans ce projet de son mieux ; on acheta une chaloupe,
le capitaine général consentit à fermer les yeux sur
l'évasion, et après avoir traversé les flottes anglaise
et espagnole, après des dangers sans nombre, le
savant, avec un compagnon d'infortune et trois mate-
lots, débarqua, non sans contestation, dans la rade
d'Alger ; de là, on partit avec des passeports pro-
curés par l'agent autrichien, pour Marseille, mais en
vue de la ville le bâtiment fut capturé par un cor-
saire espagnol et conduit à Rosas. De là, après cent
autres incidents et périls, un capitaine qui voulait
que M. Arago fût Espagnol fugitif, le bombardement

d'un navire anglais sur le moulin à vent qu'on lui avait donné pour forteresse, un semblant d'exécution militaire, le séjour d'une nouvelle prison échangée contre un souterrain, puis un ponton, il reçut sa liberté grâce à une ruse par laquelle il sut provoquer l'intérêt du dey d'Alger et faire ordonner qu'on relâchât le navire et l'équipage avec lequel il avait été capturé. Parti pour Alger, l'inexpérience du capitaine le fit débarquer à Bougie, d'où il résolut de se rendre par terre auprès du dey. Voyage périlleux et, au dire des officiers d'Afrique, presque impossible ; néanmoins M. Arago le fit ; il arrivait à Alger : son dey protecteur venait de mourir et son successeur succombait dans une révolution. Par suite d'un différend survenu entre la France et l'Algérie, lui-même et tous ses compatriotes alors présents dans la ville furent faits esclaves. Enfin, réclamé par le consul suédois, il put partir, revit, après trois années d'aventures et de malheurs, la France, sa ville Perpignan et sa famille.

A partir de ce moment commence la seconde partie toute scientifique de la vie de M. Arago. Ses plus beaux titres à l'illustration, sont ses nombreuses découvertes sur le magnétisme, les travaux sur les fluides impondérables après Roger Bacon, d'où résulte une théorie qui présente le calorique, l'électri-

cité, le magnétisme, la lumière, comme des phéno-
mènes produits par les vibrations diversement
modifiées d'un fluide unique (l'éther), et renverse le
système d'émission de Newton. On doit encore à ce
savant, en collaboration avec M. Gay-Lussac, le recueil des *Annales de physique et de chimie.*

Sous Napoléon M. Arago se montra comme aujourd'hui partisan des idées libérales. Mais l'empereur
sentait trop le prix du savant pour mettre obstacle
à son avancement, et il devint successivement, jusqu'en 1827, professeur d'analyse, de géodésie et
d'arithmétique sociale à l'école Polytechnique, places
que les ministres de la restauration ne lui eussent
certes pas conservées sans l'impossibilité de le remplacer.

Comme professeur, M. Arago a déployé cette
clarté de langage qui fait aimer sa parole à la tribune; il sait donner à la science le plus vif intérêt.
Près de la littérature et de l'histoire on a comparé
la science (pour ceux qui ne sont pas savants) aux
sables arides du désert près des plaines fertiles, près
des bois et de leurs heureux ombrages : mais déserts
pleins de charmes, et bien parsemés d'oasis que ceux
où transportait M. Arago; nul mieux que lui n'a su
donner l'attrait aux plus sèches matières, nul mieux
charmer son auditoire. Ainsi l'a prouvé mainte jeune

femme quittant le roman du jour, pour écouter, sans être taxée de ridicule, le grave professeur ; aussi les citoyens gagnent un bon ministre, mais s'il n'enseigne plus, les élèves perdront un grand maître.

Du moins continuera-t-il à satisfaire la curiosité inquiète qui chaque année attend son Annuaire? M. Arago demeure un an entier sans nous rien donner ; la compensation est trouvée large quand vient le mois de son ouvrage annuel.

Depuis 1830 il a plus spécialement mêlé la politique à ses travaux ; membre de l'Institut, secrétaire perpétuel de l'académie des sciences, membre du bureau des longitudes, titulaire de la chaire d'astronomie à l'Observatoire national, commandeur de la Légion d'honneur, et membre d'une foule d'ordres étrangers, M. Arago avait été sous la restauration délégué par Perpignan à la chambre ; il se plaça à l'extrême gauche.

Lui aussi rêvait la république et l'appelait de ses vœux ; singulière coïncidence, et bien significative, qui veut que tous les esprits éminents de notre époque se soient ralliés à la république, non le fait accompli, mais longtemps avant, et lorsqu'à peine il était permis de l'espérer dans un lointain avenir. Que des esprits craintifs viennent donc l'accuser et trembler à son nom, croient-ils la France rétrograde, et 1793 après 1848. Certes une révolution est une terrible chose, elle a ses victimes ; malheur à qui se trouve dans la crise, nous avons souffert et nous souffrons, mais espoir ! car c'est le bien de la France, de nos fils, de nos frères, et peut-être de nous-mêmes, sa jeune génération !

Dans les luttes de la chambre, jamais M. Arago n'a failli aux discussions qui intéressaient l'honneur national. *Réforme et droit au travail*, s'est-il écrié du haut de la tribune, songeant un des premiers à l'amélioration de la classe ouvrière et au nivellement de la société. Il s'est opposé dans un discours célèbre au système des fortifications, il a fait éloigner de Paris les émanations funestes de Montfaucon, et projeté une immense machine qui du centre de la ville déverserait l'eau dans toutes les demeures. A tous les temps il est resté fidèle à la cause républicaine, et les citoyens n'ont fait que reconnaître son juste mérite et se choisir le plus capable des ministres, en confiant provisoirement à son zèle le portefeuille de la Marine, qui trop longtemps, pour l'honneur national, était resté dans les plus faibles mains.

M. Arago a un visage plein de dignité, une stature élevée, et ses yeux reflètent la vivacité de son génie.

M. LEDRU-ROLLIN,

Ministre de l'Intérieur.

M. Ledru-Rollin, né au Mans en 1808, est l'un des plus jeunes ministres du gouvernement provisoire.

Comme MM. Crémieux et Marie, il a pris la carrière du barreau dont il n'a pas tardé à devenir l'une des illustrations. Les premiers plaidoyers de M. Ledru-Rollin le placèrent au premier rang parmi les avocats. C'était déjà cette même fougue, cette verve, qui, lorsqu'il est devenu député, ont fait de lui l'un des terribles adversaires du dernier ministère, et l'un de ses plus redoutables antagonistes à la tribune.

Les succès du palais ne satisfaisaient pas exclusivement M. Ledru-Rollin. Jeune homme, étudiant, il avait été témoin des excès d'une monarchie à la chute de laquelle, comme tous les libéraux, il ne sut qu'applaudir; homme fait, tribun éloquent, il prit parti contre le pouvoir qui poursuivait la marche et les tendances de son prédécesseur.

La conduite du duc d'Orléans fait roi prouva qu'il n'avait obéi, dans sa constante opposition jusqu'en 1830, qu'aux suggestions de son ambition personnelle, non au désir d'être utile, et de faire, par une constitution sagement équilibrée, le bien de l'Etat. Quel était en fait le résultat des trois jours si glorieux de Juillet, et achetés au prix de tant de sang et de sacrifices? La substitution d'un Orléans à un Bourbon, quelques libertés payées cher, et qu'on allait saper une à une; aussi tandis que Dupont de l'Eure se séparait de cette monarchie qui violait ses serments, comme l'autre la Charte de 1815, tandis que Lafayette demandait pardon à Dieu et aux hommes d'y avoir prêté les mains, la partie active des républicains, ceux que l'ardeur empêche de considérer si pour renverser l'édifice le temps est venu, qui n'attendent pas que lui-même ébranlé chancelle sous le poids de ses excès, prenaient imprudemment les armes et couraient à la défense de leurs barricades prématurées.

L'insurrection de 1834 échoua comme les précédentes et donna lieu à l'un des plus épouvantables épisodes que présentent les guerres civiles ; un coup de fusil parti d'une maison de la rue Transnonain avait été le signal d'un affreux massacre. M. Ledru-Rollin ne craignit pas de produire publiquement l'impression qu'en ressentait tout bon citoyen. Il publia un mémoire qui éclairait cette horrible affaire et prit la défense des insurgés.

Déjà en 1833 il avait rédigé une sorte de protestation contre la mise en état de siége de Paris.

A partir de ce moment, toutes fois qu'un procès politique s'éleva et qu'un défenseur courageux fut nécessaire il n'hésita pas à s'offrir. Il semblait comme M. Marie qu'il se fît des causes politiques une sorte de spécialité. En même temps il travaillait à l'immense recueil du *journal du Palais* qui paraît sous son patronage, et depuis il a donné le répertoire général contenant l'*histoire du droit, la législation et la doctrine des auteurs*, précédée *de l'influence de l'école française sur le droit au* xixe *siècle*. Sa position au palais était brillante, déjà il avait obtenu la place d'avocat à la cour de cassation, quand M. Garnier Pagès, député du Mans, vint à mourir.

Les électeurs de ce collége, tous chauds partisans des opinions libérales, voulaient être représentés par un homme bien connu par ses principes avancés; la profession de foi de M. Ledru-Rollin le mit à découvert tout entier; il fut élu; aussitôt il quitta l'office qu'il tenait du gouvernement.

Il consacra toute sa véhémence, toute sa fougue oratoires, à combattre le ministère, et ne recula pas, dit-on, devant les sacrifices d'argent pour soutenir un journal de son parti.

Les banquets réformistes l'eurent plus d'une fois pour président. Celui de Lille lui fut le sujet d'une véritable ovation ; plusieurs membres de l'opposition avaient refusé d'y prendre part, et de s'associer à ses vœux tout révolutionnaires. Ledru-Rollin y parut, entraîna dans son discours tous les suffrages ; son toast était porté « à l'amélioration des classes laborieuses. » Il hâtait de toute la force de son désir le moment, qu'on ne savait pas si proche, où la liberté pour tous ne serait pas qu'un mot, où tous pratiqueraient le divin précepte de la fraternité et de l'égalité, où l'ouvrier travailleur et courageux verrait sa position devenir meilleure.

Le député de l'extrême gauche excita un enthousiasme presque égal au banquet de Dijon. Cette fois, il célébrait la souveraineté du peuple, et s'écriait : « Le vote, s'il est indirect, éloigné, n'est pas l'expression vraie et fidèle des droits, des vœux et des intérêts de la société. »

Aujourd'hui que le moment est venu pour tous de voter, et que les bases du système électoral se sont élargies sur la plus immense échelle, quel sera le résultat du vote individuel, nous ne tarderons pas à le connaître.

A Châlons, M. Rollin se trouvait avec le directeur de la *Réforme,* aujourd'hui l'un de ses collègues, M. Ferdinand Flocon. Noblesse, clergé et monarchie ne trouvèrent pas grâce devant le tribun révolutionnaire, non que M. Rollin n'admire les grandes pages de notre passé, et veuille arracher le nom des rois de l'histoire, comme on le gratte à nos rues, mais parce que sans doute le paradoxe ne laisse pas d'avoir parfois des charmes pour l'esprit le plus juste ou le plus sage.

Ce triple titre, à trois banquets fameux, avait désigné naguère M. Ledru-Rollin au choix des écoles pour la présidence, lors de l'organisation de ce banquet auquel des circonstances supérieures à leur volonté ont seules mis obstacle.

Le jour où la révolution éclata dans toute sa force, au moment du triomphe populaire, M. Ledru-Rollin fut l'un des premiers à se rendre à la chambre.

M. Marie venait de prendre la parole pour proposer l'établissement d'un gouvernement provisoire; et lui, à son tour, invoquant la souveraineté du peuple, demanda l'exécution instantanée de ce projet, et lorsqu'une troupe armée eut envahi la salle, tandis qu'on promenait, au bout d'un fusil, les noms des hommes désignés au choix de la nation, il les proclama régulièrement au milieu du tumulte de la multitude, et, suivi de ses collègues, partit pour l'Hôtel de ville, siége du nouveau gouvernement, aux cris de vive la république!

Les devoirs de M. Ledru-Rollin, ministre de l'intérieur, sont grands et difficiles; il lui faut régulariser le système d'élections, et justifier, ministre, les hautes espérances que sa véhémence, et ses réclamations ont fait concevoir.

Les traits de M. Ledru-Rollin sont réguliers, ses yeux grands, et sa pose quelque peu impérieuse à la tribune.

M. GARNIER-PAGÈS.

Ministre des Finances.

Des ministères, le plus difficile à gérer en ce moment, est celui des finances ; c'est de la direction que prendront les affaires, qu'on attend le rétablissement de la confiance qui doit ramener les capitaux.

Une révolution comme la nôtre est glorieuse, on ne saurait acheter trop cher le renversement d'un pouvoir despotique et corrompu, mais on l'achète chèrement ; outre ses victimes, les positions qu'elle renverse et brise, elle entraîne pour résultat immédiat le ralentissement du commerce et de l'industrie. Tandis que l'homme de cœur va combattre, et triomphe ou périt, l'homme d'argent enfouit son or, et comme le limaçon qui rentre si vient l'orage, ne sort la tête que lorsque l'air s'est calmé, quand tout est paisible. Il faut aux gens de la Bourse de la sécurité pour leur rendre confiance.

Aujourd'hui les embarras qui en 89 voulaient la voix d'un Mirabeau pour parer la banqueroute, n'existent pas, mais la situation financière est grave, compliquée des charges nouvelles que le dernier gouvernement avait amenées, avec sa vénalité, son achat de consciences et de voix, son budget dépassé toujours, bien que toujours croissant, et sa paix deux fois plus ruineuse que la guerre.

Dans ces circonstances il faut une main ferme, un homme qui ne recule pas, ne craignant pas de dire : Voici votre situation, ici le mal, là le remède.

Ainsi a fait M. Garnier Pagès.

Monsieur Pagès, quelque peu plus jeune que son frère le célèbre avocat, est né comme lui à Marseille, vers 1802 ou 1803. Elevés ensemble, habitués à vivre des mêmes désirs, à trembler des mêmes craintes, les deux jeunes gens se vouèrent la plus tendre affection; pour eux le mot si souvent contestable fut un fait, l'un était à l'autre l'ami donné par la nature.

Quand fut venu le moment d'entrer dans le monde dans ce temps où, pour parvenir, il fallait de plus que la perspective de son mérite, un bien grand courage, une bien longue persévérance pour surmonter la fortune et la faveur, ils se séparèrent pour tenter

chacun sa voie, et le jeune dit à l'aîné : *Fais le nom,
moi je ferai la fortune.*

Ils ont bien tous deux rempli le pacte, ils l'ont dépassé : l'un avait fait le nom, l'autre la fortune ; le premier est mort, son frère a poursuivi sa tâche.

Tandis que M. Garnier Pagès l'aîné se livrait au
barreau, le jeune se faisait courtier de savon. L'intelligence, l'activité qu'il déploya dans ce commerce
ne tarda pas à rendre leur situation plus aisée, bientôt
presque riche. Les soins du commerce n'empêchèrent
pas celui-ci de se livrer comme l'autre à la politique ;
ils firent partie de plusieurs sociétés telles que celle
Aide-toi.

En 1830, M. Pagès l'aîné était à la tête d'une
partie du mouvement de la capitale. Son frère l'ap-
puya de tous ses moyens, l'encouragea de tous ses
conseils lorsqu'il se fut rangé parmi l'opposition. A
l'école de son frère, il grandit vite dans la science
des choses de l'Etat. Aussi quand vint le malheur qui
enleva l'un à l'amitié de l'autre, le jeune Garnier
Pagès ne tarda pas à être jugé digne de siéger à sa
place.

Sa conduite fut celle qu'il était permis d'en attendre, libérale, opposée aux excès du pouvoir ; elle n'a
pas varié, et il était dernièrement l'un des députés
ennemis des demi-mesures, qui, lorsque le chef recu-

lait, voulaient persister et se rendre au banquet en dépit du ministère.

Les citoyens ont récompensé M. Garnier Pagès ; d'abord maire de Paris, il a remplacé au ministère des finances M. Goudcheaux, quand celui-ci a eu donné sa démission.

M. Michel Goudcheaux, israélite de religion, fils d'un banquier comme son père, professe les opinions les plus libérales ; placé à ce ministère par la confiance de ses concitoyens, il a cru devoir se démettre de cette charge. M. Pagès le remplaçant, a commencé par faire un état net de la position. Il a montré comment en dix-huit ans le budget s'était accru de près du double, et en même temps la dette de près d'un milliard ; c'est la république, a-t-il dit, qui sauve la France d'une banqueroute, parole que nous nous empressons d'accueillir, comme un prix nouveau de notre victoire, comme une confiance de plus pour l'état nouveau.

Jusqu'ici, la conduite de M. Garnier Pagès semble la justification de ce mot par lui prononcé au banquet de Montpellier :

« Rien pour soi, tout pour la patrie. »

Ne serait-ce pas là l'idéal des devoirs du vrai républicain, la plus sublime abnégation de soi-même ; puissions-nous tous devenir dignes de remplir ce précepte !

Il est cependant un acte qui excite le blâme universel : je veux parler de la vente et de l'aliénation des biens de la liste civile devenus ceux du domaine national.

On se demande si ce sera une si grande ressource pour la France que les quelques millions qu'on se procurera de la sorte, si elle peut compenser la perte des superbes forêts que les particuliers ne manqueront pas d'abattre, et les artistes surtout tremblent en songeant à leur Fontainebleau, cent fois plus mal mené par des propriétaires avides, que par *Bois d'hiver*; ils le voient déjà passant près du *Charlemagne* ou de l'arbre de *Henri IV* se dire : Que d'argent j'aurais de leur bois !

Mais ceci n'est qu'un projet, et particulièrement pour Fontainebleau; si M. Pagès lui voue quelque affection, il n'aura pas le courage de le faire vendre.

Parmi les actes de la vie privée de M. Garnier Pagès, on cite celui-ci, très-honorable encore; il a doté sa sœur.

M. MARIE,

Ministre des Travaux publics.

Le barreau, où se développent les talents oratoires, où les luttes journalières donnent à la parole l'exercice, en même temps que l'étude du droit donne à l'esprit la sévérité nécessaire à la conscience du juste et de l'injuste, semble propre plus que toute autre carrière à former les hommes d'Etat et de politique. En effet, de huit ministres et un président provisoires, cinq ont commencé par être avocats. M. Marie préposé aux travaux publics a été bâtonnier de l'ordre et l'un de ses membres les plus distingués.

M. Marie (Alexandre-Thomas) est né à Auxerre en 1797 le 15 février. Placé au collége de sa ville natale, il débuta par des succès, qui le plus souvent sont pour ceux de la vie future un heureux présage. Il suivit à Paris les cours de l'école de droit, et plus laborieux que la plupart des disciples de l'école qui trouvent à grand'peine le temps de suivre les cours et de préparer les examens, il appliquait son esprit à l'étude de la philosophie et de l'histoire, qui elle aussi fait les grands hommes et prépare de brillants avenirs.

Il passa en 1819 sa licence, et peu d'années après concourut pour un chaire de suppléant vacante à l'école de droit ; il ne réussit pas ; sa place ne fut que la seconde dans l'examen, mais le concours avait été si brillant qu'on crut pouvoir lui déférer du coup le grade de docteur.

En même temps que sa clientèle croissant, lui permettait de mettre ses théories en pratique, il publiait dans le Courrier des Tribunaux des comptes rendus de la *Philosophie de Reid*, de *l'Introduction à l'histoire philosophique du droit* par Rey, et de *L'humanité dans les lois criminelles* par M. de Molenès, et nombre d'autres ouvrages dans lesquels il faisait ses premières études et ses premiers essais sur la politique.

Quand survint la révolution de Juillet, M. Marie, jusqu'alors exclusivement occupé de ses travaux, commençait à se faire au Palais un nom distingué. A partir de ce moment, il commença d'y mêler davantage les questions politiques et sociales.

Ami de la liberté, il se sépara de cœur et de voix des hommes de Juillet quand il eut constaté leurs tendances anti-libérales.

« Chaque révolution, s'écria-t-il dans la défense de M. Pénard, l'un des accusés de la conspiration du pont des Arts, a une mission à accomplir : celle de 1830 avait la sienne, l'a-t-elle remplie? non; eh bien, là est tout le secret du malaise, par conséquent des troubles et des émeutes qui en sont l'expression énergique....» C'était appeler l'attention publique sur le principe réel des troubles fréquents à cette époque.

Dans la même plaidoirie M. Marie s'écriait encore : « Leur vraie cause est dans les institutions de la France, je dénonce leur tendance aristocratique. »

Une autre fois, il défendit cet écrivain M. Hercule de Roche, qui était accusé d'avoir soutenu cette vérité, que la royauté du 7 août était une usurpation, un fait, non un droit, puisque la sanction de la nation ne l'avait pas consacrée.

Il plaida deux fois pour Pépin, en 1832 au sujet des événements de Juin, en 1835 pour la conspiration de Fieschi; moins heureux, bien que non moins éloquent, la seconde que la première fois, il ne put sauver son client.

La thèse déjà soutenue pour M. de Roche trouva

une seconde fois. en lui un zélé défenseur dans le procès du député M. Cabet. C'est à cette occasion que l'intègre Dupont de l'Eure s'approchant du jeune avocat et lui serrant la main dit ces paroles : « Vous venez de faire une belle et bonne action. »

Le nom de M. Marie se rattache encore à un grand nombre de causes importantes, les associations des Rouleurs, le serment des décorés de Juillet, la réhabilitation du maréchal Ney.

M. Marie, désigné pour faire partie de la chambre des députés, prit place à la gauche, parmi les libéraux. Il a soutenu chaleureusement notre révolution de février, et s'est prononcé pour la république. Ministre des travaux publics, il est chargé d'une grande tâche, celle d'occuper fructueusement pour l'Etat, avantageusement pour eux-mêmes le nombre des ouvriers laborieux que l'absence d'ouvrage et non de volonté plonge dans la misère. Au reste l'exemple des travaux exécutés par le dernier roi est bel à suivre; sans doute Louis-Philippe serait encore sur le trône s'il se fût occupé des intérêts de la nation comme des quais et de nos trottoirs.

S'il est enfin permis de présenter une observation qui sans doute ne parviendra pas au ministre, mais que chacun peut faire dans ce temps de liberté pour

la pensée et la parole, nous demanderons si définiti-
vement les Tuileries se transformeront en hôpital?
La création d'un hôpital des invalides civils est juste
et nécessaire.

La classe ouvrière est l'égale de toutes; quand un
ouvrier aura servi soixante ans la patrie de ses bras,
comme un soldat de ses armes, il aura mérité une
retraite pour ses vieux jours, un lit pour sa dernière
heure. Mais il faut à l'Etat et à son gouvernement un
palais de représentation, car la France est toujours
souveraine dans le monde, et puisque ces invalides
peuvent se transporter partout ailleurs qu'aux Tuileries, pourquoi le palais des rois ne deviendrait-il pas
celui de la nation?

Les traits de M. Marie n'ont rien d'extraordi-
naire, mais son front large et légèrement contracté
dénote ses habitudes de réflexion et de travail.

M. SUBERVIE,

Ministre de la Guerre.

M. Subervie (Georges-Gervais), né vers 1772 dans le département du Gers, est l'un des braves soldats qui ont servi la république et que leurs actions d'éclat associent à la gloire de l'empire.

En 1792, au moment où, pressée de toutes parts, la république faisait un appel aux bras de ses enfants, le jeune Subervie n'entendit pas sans émotion retentir à son oreille les strophes patriotiques de l'hymne national ; comme tant d'autres il partit à la défense de sa patrie ; il était volontaire, simple soldat.

Il fit ses premières armes sous Pérignon et Dugommier, aux Pyrénées orientales ; son courage ne tarda pas à le faire distinguer de ses chefs, et c'est ainsi qu'il conquit, un à un, ses grades jusqu'à celui de général de division.

Bientôt il passa à l'armée d'Italie, combattit sous Masséna, puis sous le grand maître, Bonaparte, qui sut le distinguer. M. Subervie passa successivement sous-lieutenant, capitaine, chef de bataillon, et chaque grade nouveau était successivement le prix d'un nouvel exploit.

En Egypte, M. Subervie était aide de camp du général Lannes, et dans les premières années de l'empire fit, en qualité de colonel du dixième régiment de chasseurs, les campagnes d'Autriche, de Prusse et de Pologne. Sa conduite à la journée d'Eylau lui valut la croix de la Légion d'honneur.

Napoléon préludait à ses projets vastes, mais personnels, par une invasion en Espagne ; il y envoya le colonel Subervie, et après trois années de guerre l'éleva au grade de général de brigade. D'Espagne, Subervie passa en Russie, puis après le désastre de nos armées, fut de ces braves qui défendirent pied à pied le territoire français, lorsque, malgré ses victoires, l'armée impériale épuisée eut quitté la Saxe.

C'est le 3 avril 1814 que M. Subervie passa au grade de général de division, qu'il conserve encore aujourd'hui.

En effet, sous la restauration, il n'a pas voulu servir ; en 1830, il a présenté ses services au gouvernement, mais il n'était pas de ceux qui préfèrent *le traitement à la vie* ou à l'honneur ; il s'est séparé de la dynastie et, député, a siégé parmi les membres de l'opposition.

Aujourd'hui la France est glorieuse d'avoir pour ministre de la guerre un homme qui est le représentant de la gloire de la république et de l'empire, comme M. Dupont de l'Eure des idées républicaines ; elle est fière et pense que les pays étrangers, voyant ce général à la tête de nos forces militaires, se souviennent qu'il a visité leurs capitales.

Pour nous, à l'aspect du vieux soldat entouré de ses collègues, nous nous étonnons que des esprits craintifs redoutent de voir l'armée s'approcher de nous.

Les soldats ne sont-ils plus nos frères, n'ont-ils pas fraternisé avec nous, n'ont-ils pas participé à la victoire en cédant des armes que l'ennemi n'eût eues qu'avec leur sang ?

Sans doute, on avait lieu de craindre quand il y avait dans l'Etat un ancien pouvoir à défendre ; mais aujourd'hui que l'armée a reconnu la république, confondra-t-on nos soldats avec les gardes municipaux ?

La charge, d'ailleurs, de la garde de la ville retombe entière sur les ouvriers, les commerçants, qui, de la sorte, ne peuvent gagner leur pain et vaquer à leurs affaires.

M. Subervie est bien l'ami de M. Dupont de l'Eure ou de tout autre : pourquoi le soldat ne serait-il pas l'ami du citoyen, comme il est son frère?

M. CARNOT,

Ministre de l'Instruction publique.

La république française à sa naissance était environnée de périls, périls du dedans et du dehors : ici la Vendée, là la Prusse, l'Autriche, la Hollande, la Savoie ; l'enthousiasme ne manquait pas pour faire face à l'ennemi, mais l'organisation militaire, le pain et les vêtements manquaient. Un homme à qui la France doit sa reconnaissance, sut tout organiser, remplir les cadres de quatorze armées ; et si Hoche, Moreau, Bonaparte triomphèrent, c'est que le ministre de la guerre leur avait préparé la victoire. C'était sans doute un vrai patriote, un bon républicain, que cet homme qui savait résister à Napoléon disant « M. Carnot, tout ce que vous voudrez, et quand vous voudrez. » Aussi c'est un bel hommage à son souvenir que d'avoir mis le fils, élevé à si bonne école, dans une place comme les remplissait si bien son père.

M. Carnot, démissionnaire de son titre de ministre de la guerre, s'était retiré à Saint-Omer. C'est là qu'il eut, en 1801, un second fils Hippolyte-Lazare.

Hippolyte Carnot était né pendant la retraite de son père ; il passa sa jeunesse avec lui dans l'exil. Tandis que son frère Sadi avait combattu sous les murs de Paris, et que son père s'était rapproché de Napoléon dans l'infortune, car pour lui il n'y avait plus ni empereur, ni roi, mais la patrie à défendre, Hippolyte était sorti de son collége ; il avait alors 14 ans. Son père, cédant à ses prières, lui fit partager sa proscription : ils partirent ensemble de France, allèrent à Bruxelles, puis à Varsovie, où le jeune homme put apprendre comme on aime la patrie. Là se formèrent pour lui les liens d'une amitié étroite, avec les généreux Malachowski, dont l'un est mort en 1830, dont l'autre est à son tour venu mourir proscrit sur la terre française.

Le père et le fils, chassés de Pologne par l'humeur ombrageuse de Constantin, vinrent, après avoir parcouru la Prusse, se fixer à Magdebourg ; là se retrouvait, dans une ville dix ans française, quelques habitudes, quelques souvenirs de la patrie. Secrétaire et lecteur de son père, le jeune homme apprenait sous lui à lire, à admirer les chefs-d'œuvre de la littérature allemande ; c'est là qu'il puisa dans leurs promenades solitaires autour de la ville, les ferments de saint-simonisme qui, développés chez lui, l'ont rattaché à cette secte tant qu'elle n'admit pas les utopies d'Enfantin. Ce séjour de Magdebourg dura sept ans ; dans l'intervalle, le jeune homme alla faire plusieurs excursions dans les provinces environnantes et un voyage en France, où il revint s'établir, en 1823, après la mort de son père.

Peu fortuné, M. Hippolyte Carnot songea à trouver des ressources personnelles ; il avait étudié le droit, il était licencié, il ne lui restait plus pour être avocat qu'à prêter le serment. Mais il songea que de la sorte il prenait un engagement vis-à-vis un gouvernement illibéral et despotique qui avait proscrit son père ; ses scrupules l'arrêtèrent, il préféra se réserver l'avenir. Ses goûts, ses tendances philanthropiques le portèrent vers le saint-simonisme ; la *Société de la Morale chrétienne* l'attira par son double caractère de charité et d'opposition. De plus, il se fit admettre membre actif de la *Société pour l'instruction élémentaire*, destinée à la propagation de l'enseignement, et n'oublia pas la réforme des prisons. Il s'occupait aussi de travaux de la littérature allemande : en 1828, il publia une traduction des *chants Helléniens* de Müller. Il était en même temps l'un des rédacteurs de la *Revue encyclopédique*, et ces occupations diverses ne l'empêchèrent pas de faire en Angleterre, en Suisse, en Hollande plus d'un voyage.

Ses leçons dans les salles de la rue Taranne étaient activement suivies ; de nombreux disciples se pressaient à ses enseignements de l'organisation de la famille et de l'avenir. Il professait le 27 même, premier des trois jours de Juillet.

Deux partis divisaient l'école des saint-simoniens : le premier plein d'amour pour la patrie, ne rêvant pas des théories vaines et impraticables, se proposant un but d'amélioration, non de personnalité ambitieuse, c'était celui des républicains ; l'autre rêvant un nouvel ordre à construire sur les ruines de l'ancien, rêvant la destruction de ce qui existait, arts et produits de la civilisation, c'étaient les communistes.

Hippolyte Carnot était des premiers ; il descendit dans la rue et participa à la révolution.

Quand vint la curée des hautes places, M. Carnot reprit sa vie studieuse et réservée, sans toutefois négliger de servir à l'occasion la cause de la liberté ; ainsi fut fondé le comité polonais, auquel il prit une part active. Il demandait qu'on accueillît à leur tour les fils de cette nation « qui, en 1815, avait reçu avec tant d'empressement ce proscrit obligé de quitter la France et qui s'en était venu, donnant la main à un fils qui n'avait pas encore quinze ans, demander l'hospitalité aux bords de la Vistule. »

A cette même époque, il se vit forcé de quitter l'association saint-simonienne, entre les membres de laquelle les idées émises par Enfantin n'avaient pas tardé à opérer un schisme complet. Ses études et ses écrits philosophiques n'en furent pas interrompus. Dans le moment où sévissait le choléra, il fut des citoyens qui formèrent des bureaux sanitaires pour secourir les malades ; mais la mort de son frère Sadi, survenue à cette époque, et la douleur qu'il en ressentit, lui firent chercher des distractions dans de nouveaux voyages.

Jusqu'ici, indifférent aux honneurs, il n'avait pas encore été appelé parmi les députés à la chambre de représentation nationale ; quatre colléges électoraux le portèrent candidat en 1837, Dijon, Beaune, Autun, Châlons. Il s'était cependant occupé de la publication des mémoires du célèbre Grégoire de Blois, qui l'avait particulièrement affectionné et nommé l'un de ses trois exécuteurs testamentaires.

En 1839, après la dissolution de la chambre, il

présida le comité central des électeurs de Paris et
fut lui-même élu député du 6e arrondissement, sur
la motion de MM. Arago et Lafitte. Sa profession,
de foi, pleine de fermeté, faisait espérer un député
libéral; il ne trompa pas l'attente, et s'assit à l'extrême gauche entre MM. Dupont de l'Eure, Arago
et Lafitte. Depuis 1839, M. Carnot n'a pas cessé
d'être conséquent avec ses principes, aussi bien, ce
sont ses mérites personnels, non ceux de son père,
qui l'ont désigné à la place qu'en ce moment il occupe. Puisse M. Carnot remplir dignement la tâche
que l'Etat lui a provisoirement confiée, puisse-t-il
remplir notre attente et se montrer pour la jeunesse
des écoles aussi bienveillant qu'elle l'a trouvé af-
fable, et nous aurons de nouveaux remercîments à
faire à notre ministre de l'instruction publique; à
lui, du moins, les leçons de l'exil auront profité.

L'extérieur de M. Carnot est digne et bienveillant. Il a fait, dans ces dernières années, paraître de
nouvelles publications, entre autres les Mémoires du
conventionnel Barrère, précédés d'une longue notice
biographique.

M. BETHMONT.

Ministre du Commerce et de l'Agriculture.

La partie que Sully appelait la plus importante de l'Etat, *le labourage et le pâturage, les deux mamelles* de la France, rentrent dans le ministère de M. Bethmont.

Ici c'est M. Louis Blanc, sorte de ministre du travail, qui s'occupe d'améliorer le sort des ouvriers; c'est à M. Bethmont qu'appartient de songer aux agriculteurs, aux gens paisibles de la campagne.

M. Bethmont était, comme la plupart de ses collègues, un avocat distingué. Sorti des rangs du peuple, il a embrassé les opinions les plus libérales, sa conduite à la chambre ne s'est pas démentie, et bien que très-jeune encore, il a été désigné pour le ministère important qu'il remplit.

SECRÉTAIRES.

Quatre citoyens revêtus du titre de secrétaires, ont été adjoints aux ministres du gouvernement provisoire pour rendre plus facile la lourde tâche qui leur est confiée, le rétablissement de l'ordre, et pour aviser de concert aux mesures qui préparent les travaux de l'assemblée législative. Il était juste que ces quatre secrétaires fussent, comme les ministres eux-mêmes, choisis parmi les démocrates éprouvés, les vrais républicains, non ceux du lendemain, dont le patriotisme, comprimé longtemps fait éruption tout à coup, avec les circonstances, mais ceux qui ne craignent pas de tout risquer, de sacrifier tout pour le triomphe de leur cause. A ce titre, MM. Marrast, Louis Blanc, Flocon et Albert étaient les premiers que leur mérite désignât au choix national.

M. MARRAST.

M. Marrast, rédacteur en chef du *National*, a déployé la vigueur la plus ferme pour attaquer sous toutes leurs faces les excès du pouvoir. Il n'est pas de jugements, de peines pécuniaires qui aient pu l'arrêter, et s'il montre la même habileté dans la part qui lui reviendra de l'organisation de la république, s'il fait le bien comme il combattit le mal, si le bien établi il le défend de même, nous aurons le plus énergique et le meilleur citoyen.

Nos détails biographiques sont nécessairement bornés sur M. Armand Marrast que nous n'avons pas l'honneur de connaître particulièrement, non plus qu'aucun de ses amis; nous savons seulement qu'il est né dans le midi, et qu'il a passé par l'Ecole normale dont il fut l'un des premiers élèves.

Une fois parvenu là, une carrière honorable, et que beaucoup envient, s'ouvrait devant M. Marrast;

il est bien des jeunes gens laborieux dont toute l'ambition se borne à désirer revêtir un jour la robe noire, et à gouverner du haut d'une chaire un jeune auditoire sous un régime qui n'est rien moins que constitutionnel.

Cette sphère rétrécie qui maintient l'homme fait dans un contact perpétuel avec des enfants, qui veut qu'à force d'être ensemble, le grave professeur finisse par vivre de leurs petites passions, et de leurs grandes querelles, convenait peu à M. Marrast; ce qu'il lui fallait, c'était la vaste tribune du publiciste, les rostres pour haranguer la foule, le journal et ses dix millions de lecteurs.

Le *National* était rédigé par un homme, du plus haut talent, un véritable ami du bien, cet Armand Carrel aux funérailles duquel nous avons assisté. Il périt dans un duel; le journal de la nation ne crut pas le remplacer mieux que par M. Marrast. Déjà celui-ci s'était fait un nom comme écrivain de la *Tribune* en collaboration avec M. Cavaignac.

La *Tribune* avait flétri ce qu'elle appelait *la prostitution* de la Chambre; cette hardiesse parut aux gens du pouvoir mériter jugement. On fit comparaître les audacieux écrivains. On s'attendait à des explications, une sorte d'excuse, peut-être même une palinodie; les *prostitués* jugeaient par eux-mêmes, ils eurent une profession de foi. La Chambre, répéta-t-il dix fois avec dix griefs nouveaux, quel nom lui donner, qu'est-elle, messieurs? prostituée! prostituée! — Cette fois il y eut pour le gérant trois ans de prison et pour le journal 10,000 francs d'amende.

Il prit en 1835 la défense des accusés d'avril; ses démarches courageuses le firent jeter en prison, et c'est là qu'il écrivit : *Vingt jours de secret ou le Complot d'avril.*

Rédacteur du *National*, il n'a eu de ce moment jusqu'ici qu'une ligne de conduite, attaquer les abus du pouvoir, mettre à nu ses excès et sa honte et le renverser dans les esprits pour qu'il tombât lui-même. M. Marrast a réussi.

Depuis que M. Marrast est membre du gouvernement provisoire, nous avons eu occasion de le voir et de l'entendre dans la première cérémonie publique qui a précédé les deux grandes fêtes de la république, l'hommage funèbre rendu à Armand Carrel.

Il a fait entendre de nobles paroles sur sa tombe, il a rappelé qu'il était des nôtres, qu'il sortait de ces écoles dont les jeunes gens voient devant eux aujourd'hui s'ouvrir la plus illimitée carrière, où chacun de ceux qui sentent bondir leur cœur au nom de la patrie, peuvent se dire : Plus besoin d'un vieux nom, de fortune et de faveur ! Qui sait ce que nous réserve l'avenir !

Notre noblesse, c'est le 24 février, nos titres le 24 février, notre nom, celui de citoyen, notre faveur le mérite personnel.

« Ecrivains de la presse, a dit M. Marrast, vous ne trouverez nulle part un plus grand modèle, un esprit plus ferme, un cœur plus généreux, une âme mieux trempée et plus convaincue. » — et la foule — Vive Carrel ! vive Carrel ! vive Marrast ! vivent Carrel et Marrast !

Carrel disait aussi, vive la république ; il la désirait, il ne voulait pas d'exclusion, pas d'ostracisme, et une fois encore, des cœurs timorés la redouteront cette république que tous les hommes distingués ont appelée de leurs vœux ? Ils la redoutent ; ne voient-ils donc pas qu'il y a cinquante ans que la France est républicaine, cinquante ans que l'enfant couve et grandit dans le sein de sa mère.

Il nous est né, cet enfant attendu avec tant d'impatience, et aux acclamations qui accueillent sa naissance que n'est-il pas permis de conjecturer de sa jeunesse et de sa force. Croira-t-on que ce soit un simple effet du hasard qui en moins d'un demi-siècle élève pour les renverser trois dynasties ? qui fait

mourir ou proscrit quatre enfants dont les acclamations d'un peuple entier semblaient avoir salué la
naissance?

La vieille monarchie, sous toutes ses formes, mais
usée par le temps, a vainement lutté à la faveur des
habitudes et de l'usage; en France son temps n'est
plus, une ère nouvelle commence, nous sommes républicains.

Le discours de M. Marrast sur la tombe d'Armand
Carrel montre comment il comprend ses nouveaux
devoirs et ceux du gouvernement, dans le maintien
de l'union, l'appui de nos droits et de ceux des jeunes
nations dont il salue l'avenir, la Suisse, l'Italie et
l'Espagne qui bientôt nous donneront la main.

M. LOUIS BLANC.

M. Louis Blanc, comme M. Marrast, s'était distingué par ses écrits et par son éloquente opposition aux hommes du pouvoir. Il est peu de personnes qui n'aient lu l'*Histoire de dix ans*, et peu qui ne lisent sa révolution. Quand on connaîtra l'une et l'autre, on saura M. Louis Blanc tout entier. C'est l'esprit ami de l'humanité qui cherche la plaie sociale et la veut guérir.

Deux tendances, deux inspirations contraires, semblent comme un bon et le mauvais génie se partager le monde et l'histoire ; la fraternité, l'individualisme, à la faveur duquel l'autorité de l'homme, basée sur la tradition et l'inégalité, s'est établie sur l'homme.

Que faut-il faire? Combattre l'une par l'autre : à l'égoïsme, à l'esprit personnel, qu'on oppose ce principe divin qui nous fait tous frères. Unissons-nous, nous trouverons dans l'association les forces nécessaires et un mutuel appui. Ce principe enfante l'harmonie, il organise la société humaine sur le modèle du corps; œuvre sortie de la main de Dieu; par l'harmonie, il mène à la liberté.

M. Louis Blanc a témoigné de ses opinions libérales et de ses théories sociales dans d'autres écrits, *le Bon Sens* et *la Revue du progrès.*

· Né dans l'Aveyron vers 1814, il fit ses études au collége de Rhodez; il vint à Paris, et là dut conquérir, à force de travail, une position qui le sortît du malheur. Quelques écrits révélèrent ce qu'il était permis d'attendre de sa plume; Armand Carrel les remarqua, et les liens d'une vive amitié que la mort du dernier a seule interrompue se formèrent entre eux. Louis Blanc, avons-nous dit, rédigeait les feuilles démocratiques du *Bon Sens* et du *Progrès.* Il donna bientôt l'*Histoire de dix ans,* 1830-1840. Cet ouvrage eut un succès immense, il excita l'admiration universelle; c'était l'œuvre d'un grand historien, d'un chaud partisan de la liberté. Il était permis à son auteur d'envisager l'avenir le plus brillant, si le livre était la mesure de l'homme, ce qui, par malheur, n'est pas toujours.

Un ministre, en effet, avait écrit l'histoire, et nul n'avait su mieux la juger, nul ne lui avait appliqué mieux sa divine maxime de l'impartialité. Cet homme au pouvoir oublia tout, il semblait qu'il n'eût pas lu dans le passé les enseignements de l'avenir. M. Guizot nous menait par une voie rétrograde au Louis XIV moins la gloire.

M. Louis Blanc a fait plus que de l'histoire, il en a déduit ses théories. Voici qu'est venue l'heure de réaliser tant de rêves, de montrer que ce ne sont pas de vaines chimères.

Allons, les théoriciens, à l'œuvre ! Vous n'avez pas enfanté les vains produits de l'imagination ! Voici l'infini de la liberté, les presses libres, les masses sur qui agir ; tout ce que vous avez demandé, le voici !

Et M. Louis Blanc, en réponse, nous a donné les longues séances du Luxembourg, nombre de proclamations et l'organisation du travail.

Peu versé dans ces sortes de questions sociales. nous ne saurions personnellement apprécier tout ce qu'a fait M. Louis Blanc ; quel jugement d'ailleurs n'est faillible, quel éloge n'est suspect s'ils n'ont obtenu le contrôle du temps ?

Une mesure cependant nous semble utile et bonne, c'est celle qui ouvre un registre gratuit de renseignements aux ouvriers comme aux patrons qui voudraient, les uns du travail, les autres des bras. Mais n'est-il pas vrai, d'autre part, que l'augmentation subite de salaire, dans toutes les branches du commerce, doit tout remettre au même état, puisque les produits qu'elles échangeront coûteront chacun, dans la même proportion, plus cher? Les ouvriers ne feraient-ils pas mieux de procéder méthodiquement dans leurs demandes, plutôt que de chômer tous ensemble? Nous ne sommes pas apte à résoudre les questions, et d'ailleurs l'association et les autres ressources de l'organisation du travail y pourvoiront sans doute.

La tâche de M. Louis Blanc est difficile; il s'est montré jusqu'ici à sa hauteur.

MM. FLOCON ET ALBERT.

La limite de nos détails biographiques, sur ces deux secrétaires, nous les fait réunir dans un seul article. Sans doute, ce livre, d'ici dans l'avenir, sera suivi de bien d'autres semblables. Puissent ces hommes, comme leurs collègues, mériter d'occuper plus tard les biographes ; puisse la vie publique qui, pour eux, vient de commencer être pure et celle des circonstances ; puissent ceux qui, un jour, s'occuperont d'eux, remercier le choix, bien justifié, de leurs pères !

M. Ferdinand Flocon est fils du directeur des lignes télégraphiques. En 1820 il était attaché d'abord comme sténographe, ensuite comme rédacteur au *Courrier Français ;* sa conduite courageuse, hostile au gouvernement, faillit faire perdre à son père sa place.

Plus tard il devint rédacteur de la *Réforme,*

journal courageux comme le *National*, et qui marchait à son côté dans la même voie. Son nom figure, avec celui de la plupart de ses collègues du nouveau gouvernement, sur le rôle des avocats.

Partisan intègre de la justice, il empêcha, à la suite du duel entre Carrel et Roux Laborie, au sujet de la duchesse de Berry, les républicains de briser, comme ils le voulaient, les presses de la *Gazette de France*.

En juillet, il avait combattu avec le peuple, servant alors, de ses mains, la même cause qui l'en récompense aujourd'hui.

M. Albert porte le titre d'ouvrier ; il était, nous a-t-on dit, mécanicien. Né à Lyon, il y avait fondé un journal politique, la *Glaneuse ;* et en 1833, il s'attira une condamnation de cinq mille francs d'amende, et de quinze mois d'emprisonnement, pour avoir rassemblé tous les hommes de son parti dans un banquet politique.

Plus tard, il devint l'un des chefs de la *Société des Droits de l'Homme*, et ne recula pas dans cette lutte terrible où son parti avait adopté ces mots pour devise : *Vivre en travaillant ou mourir en combattant !*

Aujourd'hui, le voici assis au faîte de l'Etat, représentant de la classe ouvrière. Qu'il se souvienne de son origine !

Hommes de la révolution, n'oubliez pas, comme ceux qui vous précédaient, d'où vous sortez. Le passager a mis dans vos mains le gouvernail ; pilotes, menez le navire à bon port, faites qu'il ne sombre pas dans la tempête ! bien souvent l'égoïsme de la nature l'emporte. Aujourd'hui, l'intention est bonne, le cœur est pur ; puis vient le pouvoir, toutes les vanités, l'orgueil de l'ambition ; alors le tribun se fait tyran, le général empereur ; tant est faible la nature de l'homme, tant les Washington sont rares ! Hommes de 1848, songez-y, le bourgeois de la commune avait quitté le peuple, fier du titre vendu par le noble à son or ; fait bâtard de noblesse, il méprisait les rangs dont il était sorti, et le peuple s'est écrié : Egalité ! il ne reconnaît plus d'aristocratie que celle du talent, de noblesse que celle de la vertu. Qu'il soit donc permis de finir par une citation de M. Guizot dont lui-même a fait la cruelle expérience : « C'est pour avoir méconnu le peuple que tous les gouvernements sont tombés en France. »

Le peuple aujourd'hui, c'est la nation entière.

TABLE.